Steven Lehmann, Oliver H.

Erklärung des Wahlsystems

Wahlen in Deutschland

GRIN Verlag

Bibliografische Information der Deutschen Nationalbibliothek:

Die Deutsche Bibliothek verzeichnet diese Publikation in der Deutschen National-
bibliografie; detaillierte bibliografische Daten sind im Internet über http://dnb.d-
nb.de/ abrufbar.

Dieses Werk sowie alle darin enthaltenen einzelnen Beiträge und Abbildungen
sind urheberrechtlich geschützt. Jede Verwertung, die nicht ausdrücklich vom
Urheberrechtsschutz zugelassen ist, bedarf der vorherigen Zustimmung des Verla-
ges. Das gilt insbesondere für Vervielfältigungen, Bearbeitungen, Übersetzungen,
Mikroverfilmungen, Auswertungen durch Datenbanken und für die Einspeicherung
und Verarbeitung in elektronische Systeme. Alle Rechte, auch die des auszugsweisen
Nachdrucks, der fotomechanischen Wiedergabe (einschließlich Mikrokopie) sowie
der Auswertung durch Datenbanken oder ähnliche Einrichtungen, vorbehalten.

Impressum:

Copyright © 2013 GRIN Verlag GmbH
Druck und Bindung: Books on Demand GmbH, Norderstedt Germany
ISBN: 978-3-656-45596-7

Dieses Buch bei GRIN:

http://www.grin.com/de/e-book/229704/erklaerung-des-wahlsystems

GRIN - Your knowledge has value

Der GRIN Verlag publiziert seit 1998 wissenschaftliche Arbeiten von Studenten, Hochschullehrern und anderen Akademikern als eBook und gedrucktes Buch. Die Verlagswebsite www.grin.com ist die ideale Plattform zur Veröffentlichung von Hausarbeiten, Abschlussarbeiten, wissenschaftlichen Aufsätzen, Dissertationen und Fachbüchern.

Besuchen Sie uns im Internet:

http://www.grin.com/

http://www.facebook.com/grincom

http://www.twitter.com/grin_com

Wahlen

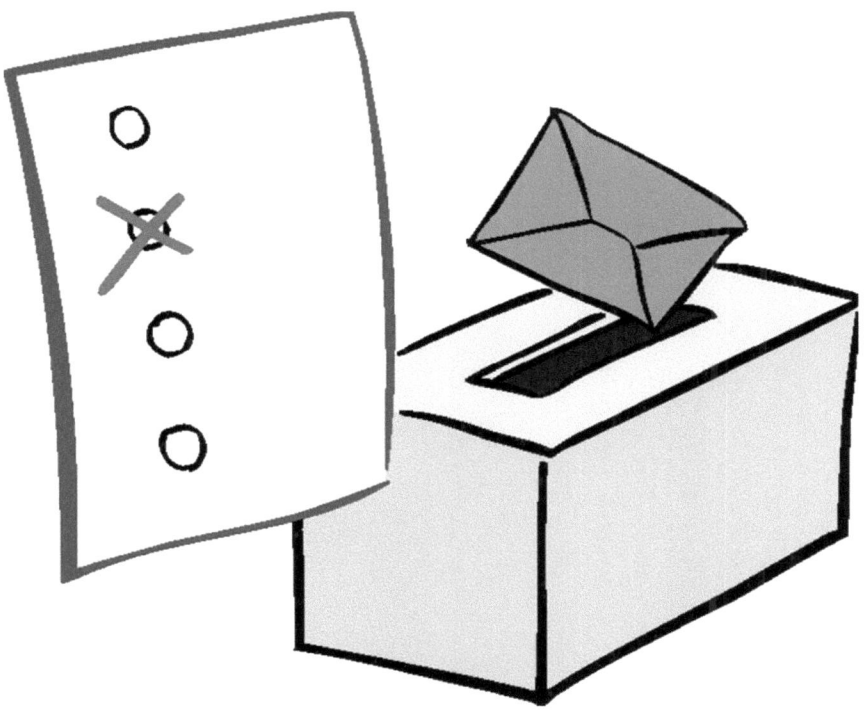

Politik und Wirtschaft 12 BG

Kurs: PoWi6

Von Steven Lehmann

Inhaltsverzeichnis

1. Definition: Wahlen

Da wir in einer Demokratie leben und alle Macht vom Volke ausgeht, benötigen wir auch Wahlen. In einer Wahl kann das Volk darüber abstimmen, welche Kandidaten und Parteien sie wollen. Wie Wahlen ablaufen, welches Wahlrecht es in Deutschland gibt und welche Probleme dabei entstehen, werden wir im folgenden Text erläutern.

2. Aktives/Passives Wahlrecht

Als aktives Wahlrecht bezeichnet man das Recht der Teilnahme, mit einer Stimme, an einer Wahl. Dabei spielt es keine Rolle ob diese Wahl staatlich oder nicht ist. Wahlberechtigt sind somit alle Menschen, die ein aktives Wahlrecht besitzen. Dennoch gibt es einige Voraussetzungen, um ein aktives Wahlrecht, in Deutschland, zu bekommen. Die deutsche Staatsbürgerschaft und ein fester Wohnsitz sind die wichtigsten Anforderungen für das aktive Wahlrecht. Des Weiteren auch die Volljährigkeit, also das Erreichen des 18. Lebensjahres vor oder am Wahltag. Mit diesem Alter ist man in Hessen berechtigt an der Bundestagswahl, den Landtagswahlen und den Kommunalwahlen teilzunehmen.

Das passive Wahlrecht ist nicht das Gegenteil des Aktiven. Personen die das passive Wahlrecht besitzen, dürfen als Anwärter gewählt werden. Auch hier spielt es keine Rolle ob es eine staatliche oder nicht-staatliche Wahl ist. Im Normalfall sind die Ansprüche für das passive Wahlrecht etwas höher gestellt, als die für das aktive Recht. Zum Beispiel darf man in Hessen ab 18 den Landtag wählen (aktives Wahlrecht), muss aber mindestens 21 Jahre alt sein um sich selbst als Kandidat aufzustellen.[1]

---

[1] http://www.wahlrecht.de/lexikon/aktives-passives-wahlrecht.html

3. Wahlgrundsätze

In Deutschland gibt es insgesamt fünf Wahlgrundsätze, die im „Artikel 38 Absatz 1 des Grundgesetzes als Grundsätze der Bundestagswahl" stehen. Dort heißt es „Die Abgeordneten des Deutschen Bundestages werden in allgemeiner, unmittelbarer, freier, gleicher und geheimer Wahl gewählt"

Jeder dieser fünf Grundsätze lässt sich definieren:

- Der „allgemeine" Wahlgrundsatz drückt aus, dass jeder der die Anforderungen des aktiven Wahlrechts erfüllt, wählen darf.
- „Unmittelbar" bedeutet, dass die Abgeordneten direkt gewählt werden. Es gibt keine Wahlmänner, die man wählt. Bestes Beispiel für Wahlmänner und deren fatale Auswirkungen, sind die USA. Dort kann man mit weniger Stimmen, dank Wahlmännern, trotzdem die Mehrheit erreichen, wie im Wahlkampf Bush gegen Al Gore.
- „Frei" heißt, der Wähler darf nicht zur Wahl oder einer Stimmabgabe gezwungen werden.
- „Gleich" sagt als Wahlgrundsatz aus, dass jeder Stimme die gleiche Gewichtung bekommt. Keine Stimme darf doppelt oder mehr zählen, als eine andere Stimme.
- Der letzte Wahlgrundsatz „geheim" besagt, dass die Wahl geheim ausgeführt werden muss. Niemand darf wissen, welcher Wähler welchen Kandidaten oder welche Partei gewählt hat. Natürlich kann der Wähler dies selbst im Nachhinein verraten, jedoch muss er dies nicht.[2]

---

[2] http://www.bundestag.de/service/glossar/W/wahlgrundsaetze.html

4. Aktuelles Wahlrecht

Unser aktuelles Wahlsystem bei der Bundestagswahl ist die „personalisierte Verhältniswahl mit Listen". Das heißt die Wähler wählen einen Teil der Abgeordneten direkt in den Bundestag. Die Zahl der Abgeordneten beträgt 598. Die Hälfte der Sitze wird an die Wahlgewinner, mit der relativen Mehrheit, in den einzelnen Wahlkreisen vergeben. Die Restlichen werden durch Landesparteilisten vergeben. Die Bundestagswahl wird alle vier Jahre wiederholt. Die letzte Wahl war im Jahr 2009 folglich dessen steht die nächste Bundestagswahl bereits in September 2013 an.[3] Jedem Wähler stehen zwei Stimmen zu, eine für den Kandidaten im jeweiligen Wahlkreis, die zweite für die Listen mit den Landesparteien (siehe Grafik Anhang Seite 13). Besonderheit am aktuellen Wahlrecht bei der Bundestagswahl ist die Überhangmandatsregelung. Wenn eine Partei in einem Wahlkreis sehr erfolgreich ist und ihr somit mehr Mandate zustehen, als üblich, darf die Partei sie behalten und andere Parteien bekommen dafür keinen Ausgleich. Somit wird die feste Zahl von 598 Mandaten durchbrochen, was laut „Bundeswahlgesetz verfassungswidrig" ist.[4]

5. Wahlkreise

In Deutschland gibt es aktuell 299 Wahlkreise (siehe Grafik Anhang Seite 13). Die Einteilung erfolgt meist geographisch, jedoch werden die genauen Grenzen vom Bundeswahlrecht bestimmt. In einem Wahlkreis können die Wähler, die genaue Einteilung vom Sitzen in unterschiedlichen Organen, wählen.[56]

---

[3] http://www.focus.de/politik/deutschland/kanzlerwahl-2013-merkel-wartet-auf-ihren-herausforderer_aid_644159.html
[4] http://www.wahlrecht.de/bundestag/index.htm
[5] http://www.bundestag.de/service/glossar/W/wahlkreis.html
[6] Duden „Basiswissen Schule" Politik

6. Mehrheit

Die Mehrheit ist einer der wichtigen Grundbausteine der in unserem Land herrschenden Demokratie, die dazu beiträgt Entscheidungen zu treffen und Ämter zu besetzen.

Dabei ist es gleichgültig in welcher Form der Demokratie eine Entscheidung durch die Mehrheit getroffen wird. Sei es nun in der repräsentativen Demokratie (z.B. in den Vereinigten Staaten), in der zunächst Wahlmänner bestimmt werden oder in der basisorientierten Demokratie (z.B. in der Schweiz), in der die Wahlberechtigten direkt ihre Stimme bei Wahlen abgeben dürfen.

Beide Formen verfolgen das gleiche Ziel der Mehrheit, nämlich die Legitimation, also die Bestätigung der getroffenen Entscheidung, durch die Masse.

Bekannte Formen der Mehrheit sind unter anderem[7]

- die einfache Mehrheit
- die relative Mehrheit
- die absolute Mehrheit
- die Zweidrittel-Mehrheit

6.1. Einfache Mehrheit

Die „einfache Mehrheit" ist eine der möglichen Mehrheitsvarianten und besagt lediglich, dass mehr Stimmen für Wahlmöglichkeit „A" abgegeben worden sind, als für Wahlmöglichkeit „B". Anders formuliert muss eine der Wahlmöglichkeiten also nur mehr als 50% der abgegebenen Stimmen erhalten und ist somit gewählt. Dieses Mehrheitsprinzip wird daher auch „Abstimmungsmehrheit" genannt, da hier allein die abgegebenen Stimmen berücksichtigt werden und Enthaltungen nicht mitgezählt werden.[8]

Siehe Anhang Seite: 14, Bild 1

---

[7] http://www.jochenolbrich.homepage.t-online.de/BegriffMehrheit.htm
[8] http://de.wikipedia.org/wiki/Mehrheit#Einfache_Mehrheit

6.2. Absolute Mehrheit

Man erreicht eine „absolute Mehrheit", indem man die Hälfte aller möglichen Stimmen erreicht hat. Anders als bei der einfachen Mehrheit, müssen hier auch die Enthaltungen oder ungültigen Stimmen berücksichtigt werden. Das heißt, dass z.B. Kandidat „A" mehr Stimmen als alle anderen Kandidaten zuzüglich der Enthaltungen erreicht haben muss. Die Anzahl an möglichen Stimmen kann zum Beispiel aus der Anzahl der Anwesenden, aus den Stimmberechtigen Mitgliedern oder aus den Stimmrechten der einzelnen Mitglieder, die unterschiedlich groß sein können, ermittelt werden.

Die absolute Mehrheit findet ihre Anwendung hauptsächlich im Bundesrat und Bundestag. Im Bundestag wird mit diesem Mehrheitsprinzip unter anderem der Bundeskanzler bestimmt und Gesetze überprüft.

Siehe Anhang Seite: 14, Bild 2

7. Wahlauszählungsverfahren

Am Ende jeder Wahl müssen alle abgegebenen Stimmen gezählt und schließlich ausgewertet werden um zum Beispiel den Kandidat für ein anfallendes Amt zu ermitteln oder um die Anzahl der Sitze z.B. im Bundestag der Parteien zu bestimmen.

In Deutschland gibt es drei Verfahren, die hauptsächlich verwendet werden und sich wiederrum in Quoten- und Divisorverfahren unterscheiden.[9][10]

---

[9] http://www.wahlrecht.de/verfahren/index.html
[10] http://www.math.uni-potsdam.de/prof/o_didaktik/aa/zz01/Ausarbeitung_Auszaehlverfahren.pdf

7. 1. Quotenverfahren nach Hare-Niemeyer

Das Hare-Niemeyer-Verfahren, auch Hamilton-Verfahren genannt, findet seine Anwendung heutzutage unter anderem im Bundestag und regelt dort die Verteilung der Sitze der einzelnen Parteien. Die Anzahl der Sitze wird wie folgt berechnet:

Die Anzahl der insgesamt vorhandenen Sitze wird durch die Anzahl der maximalen Stimmen dividiert und mit der Anzahl der für die Partei gegebenen Stimmen multipliziert. Im ersten Schritt bildet der Teil vor dem Komma der Zahl (meist eine Dezimalzahl, z.B. 43,27) zunächst die Anzahl der Sitze der Partei (hier: 43). Nachdem alle Sitze anhand dieses Prinzips verteilt worden sind, werden in Schritt zwei die dadurch noch übrig gebliebenen Sitze nach der Größe der Nachkommastellen verteilt. Das heißt, wenn noch zwei Sitze zu vergeben sind, bekommen diese Sitze jeweils die Parteien, die die größten Nachkommastellen besitzen. [11][12]

7. 2. Divisorverfahren nach D'Hondt

Bei dem Divisorverfahren von Hondt gibt es bis zu fünf verschiedene mathematische Möglichkeiten, die alle am Ende zu dem gleichen Ergebnis führen. Eines davon ist das Höchstzahlverfahren, welches wie folgt funktioniert:

Wie gewohnt erhält bei einer Wahl jede Partei eine unterschiedliche Anzahl von Stimmen. Jede dieser Stimmanzahlen werden nacheinander durch natürliche Zahlen (1, 2, 3, 4, …, n) dividiert. Dadurch entstehen die sogenannten Höchstzahlen jeder Partei. Im folgenden Beispiel sieht man nun wie die Sitze (hier: 5) nach der Größe der Höchstzahlen verteilt werden: [13][14]

Siehe Anhang Seite: 14, Bild 3

---

[11] http://www.wahlrecht.de/verfahren/hare-niemeyer.html
[12] http://www.uni-protokolle.de/Lexikon/Hare-Niemeyer-Verfahren.html
[13] http://de.wikipedia.org/wiki/D%E2%80%99Hondt-Verfahren
[14] http://www.wahlrecht.de/verfahren/dhondt.html

8. Listenwahl

Bei der Listenwahl werden auf einer Wahlliste mehrere Kandidaten aufgeführt, die innerhalb zum Beispiel innerhalb einer Partei oder eines Betriebes zur Wahl antreten. Der Wähler hat nun eine Stimme, die er einer der vorgefertigten Wahllisten gibt, sofern es sich dabei um eine „starre Liste" handelt. Ist von der „freien Liste" die Rede, hat der Wahlberechtigte die Möglichkeit innerhalb dieser Listen einzelne Kandidaten auszuwählen. Zusätzlich unterscheidet man dieses Wahlsystem noch durch die Listenwahl mit beweglichem Wahlquotienten und die Listenwahl mit festem Wahlquotienten.

Bei Ersterem rechnet man mit einer festen Anzahl von zu vergebenden Sitzen, jedoch sind die Anzahl der gültigen Stimmen unterschiedlich und sorgen so für eine schwankende Anzahl von Stimmen für einen Sitz. Die Listenwahl mit festem Wahlquotienten hingegen geht davon aus, dass die, für einen Sitz benötigten, Stimmen konstant bleiben. Allerdings kann hier die Menge der Sitze unterschiedlich ausfallen.[15][16]

9. Personalwahl

Die Personalwahl ist das genaue Gegenstück zur Listenwahl und wird gleichzeitig mit der Mehrheitswahl gleichgesetzt. Anders als bei der Listenwahl, bei der es vorgefertigte Listen gibt, können hier die Wähler die Kandidaten direkt wählen.

Es ist also die Person gewählt, die die meisten Stimmen erhalten hat. Dabei bestimmen die Wahlberechtigten gleichzeitig mit ihrer Zweitstimme über das Kräfteverhältnis, beispielsweise im Betriebsrat eines Unternehmens.[17][18][19]

[15] http://www.bpb.de/nachschlagen/lexika/politiklexikon/17799/listenwahl
[16] http://de.wikipedia.org/wiki/Listenwahl
[17] http://de.wikipedia.org/wiki/Pers%C3%B6nlichkeitswahl
[18] http://www.bundestag.de/service/glossar/P/pers_wahl.html
[19] http://www.landtag.sachsen.de/de/service/lexikon/1404.aspx

10. 5%-Hürde

Die 5%-Hürde ist eine von vielen sogenannten Sperrklauseln, die bei den Wahlen in
Deutschland zum Einsatz kommen. Wie es der Name vermuten lässt, ist sie die Hürde, die
die Parteien „überwinden" müssen um bei der Verteilung der Sitze berücksichtigt zu werden.
Allerdings sind damit nicht die 5% der gesamten gültigen Stimmen gemeint, da die Stimmen,
die die kleinen Parteien erhalten, praktisch als ungültige Stimme gewertet.
Für Minderheiten, die also theoretisch keine Chance haben über diese 5%-Hürde zu
gelangen gelten Ausnahmen, so dass es zu keiner Unterdrückung und Vernachlässigung
dieser Minderheiten kommt.
Ziel dieser Hürde ist die Unterstützung der Mehrheiten, da man den Wille der Wähler
durchsetzen und vertreten möchte.
Für kleinere Parteien ist die 5%-Hürde jedoch ein Dorn im Auge, der ihrer Ansichten nach
leicht zu ersetzen ist und trotzdem die Grundidee dieser Sperrklausel berücksichtigt. Die
großen Parteien dagegen sind logischerweise für den Verbleib dieser Hürde, da so
zusätzliche „Konkurrenz" verhindert wird.[20][21]

---

[20] http://www.uni-protokolle.de/Lexikon/5-Prozent-H%FCrde.html
[21] http://de.wikipedia.org/wiki/Sperrklausel

11. Quellenverzeichnis

Deckblatt:

http://www.weibernetz.de/Wahl_1.jpg
Letzter Zugriff 12.11.2012

[1] http://www.wahlrecht.de/lexikon/aktives-passives-wahlrecht.html
Matthias Cantow, Martin Fehndrich 30.10.2009, letzter Zugriff 20.11.2012

[2] http://www.bundestag.de/service/glossar/W/wahlgrundsaetze.html
Letzter Zugriff 04.11.2012

[3] http://www.focus.de/politik/deutschland/kanzlerwahl-2013-merkel-wartet-auf-ihren-herausforderer_aid_644159.html
Letzter Zugriff 16.11.2012

[4] http://www.wahlrecht.de/bundestag/index.htm
Letzter Zugriff 20.11.2012

[5] http://www.bundestag.de/service/glossar/W/wahlkreis.html
Letzter Zugriff 20.11.2012

[6] Duden „Basiswissen Schule" Politik Seite 113-116

[7] http://www.jochenolbrich.homepage.t-online.de/BegriffMehrheit.htm
Letzter Zugriff 17.11.2012

[8] http://de.wikipedia.org/wiki/Mehrheit#Einfache_Mehrheit
Letzter Zugriff 04.11.2012
[9] http://www.wahlrecht.de/verfahren/index.html

[10] http://www.math.uni-potsdam.de/prof/o_didaktik/aa/zz01/Ausarbeitung_Auszaehlverfahren.pdf
Letzter Zugriff 16.11.2012

[11] http://www.wahlrecht.de/verfahren/hare-niemeyer.html
Letzter Zugriff 06.11.2012

[12] http://www.uni-protokolle.de/Lexikon/Hare-Niemeyer-Verfahren.htm
Letzter Zugriff 06.11.2012

[13] http://de.wikipedia.org/wiki/D%E2%80%99Hondt-Verfahren
Letzter Zugriff 16.11.2012

[15] http://www.bpb.de/nachschlagen/lexika/politiklexikon/17799/listenwahl
Letzter Zugriff 16.11.2012

[14] http://www.wahlrecht.de/verfahren/dhondt.html
Letzter Zugriff 10.11.2012

[16] http://de.wikipedia.org/wiki/Listenwahl
Letzter Zugriff 16.11.2012
[17] http://de.wikipedia.org/wiki/Pers%C3%B6nlichkeitswahl

Letzter Zugriff 13.11.2012

[18] http://www.bundestag.de/service/glossar/P/pers_wahl.html
Letzter Zugriff 15.11.2012

[19] http://www.landtag.sachsen.de/de/service/lexikon/1404.aspx
Letzter Zugriff 16.11.2012

[20] http://www.uni-protokolle.de/Lexikon/5-Prozent-H%FCrde.html
Letzter Zugriff 06.11.2012

[21] http://de.wikipedia.org/wiki/Sperrklausel
Letzter Zugriff 18.11.2012

Anhang Seite 13: Fotografiert aus Duden „Basiswissen Schule" Politik Seite 115

Anhang Seite 14: Bild 1:

http://upload.wikimedia.org/wikipedia/commons/3/37/Einfache_Mehrheit.png

Anhang Seite 14: Bild 2:

http://upload.wikimedia.org/wikipedia/commons/7/77/Absolute_Mehrheit.png

Anhang Seite 14: Bild 3: Eigen erstelltes Beispiel für das Höchstzahlverfahren

12. Anhang

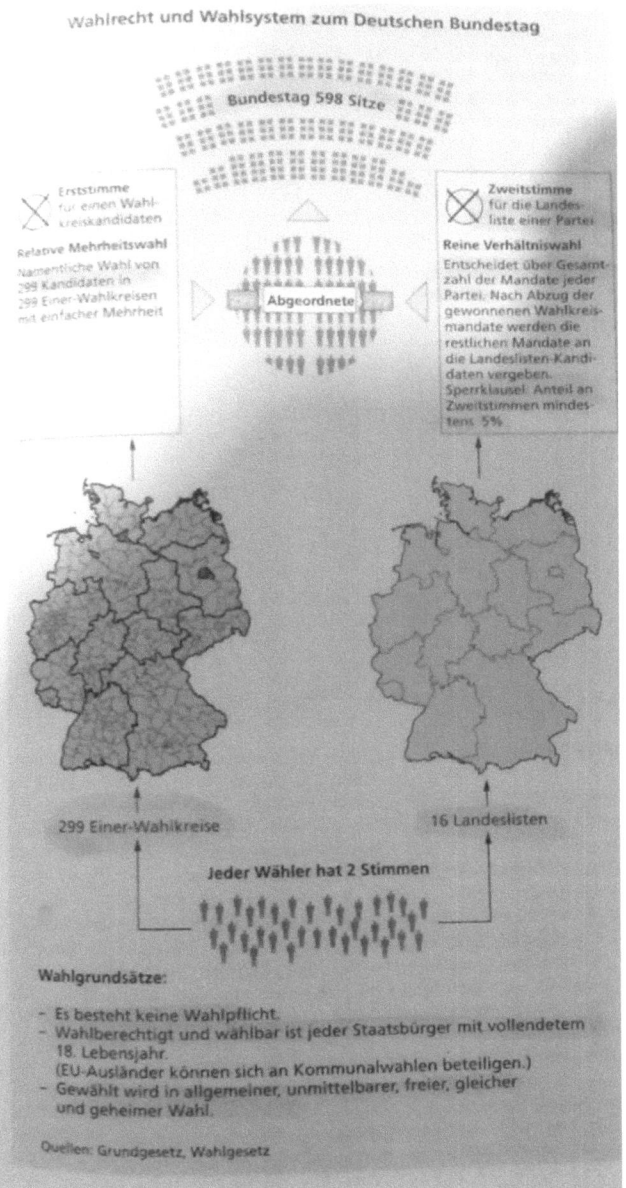

Wahlrecht und Wahlsystem zum Deutschen Bundestag

Bundestag 598 Sitze

Erststimme
für einen Wahl-
kreiskandidaten

Relative Mehrheitswahl
Namentliche Wahl von
299 Kandidaten in
299 Einer-Wahlkreisen
mit einfacher Mehrheit

Abgeordnete

Zweitstimme
für die Landes-
liste einer Partei

Reine Verhältniswahl
Entscheidet über Gesamt-
zahl der Mandate jeder
Partei. Nach Abzug der
gewonnenen Wahlkreis-
mandate werden die
restlichen Mandate an
die Landeslisten-Kandi-
daten vergeben.
Sperrklausel: Anteil an
Zweitstimmen mindes-
tens 5%

299 Einer-Wahlkreise

16 Landeslisten

Jeder Wähler hat 2 Stimmen

Wahlgrundsätze:

- Es besteht keine Wahlpflicht.
- Wahlberechtigt und wählbar ist jeder Staatsbürger mit vollendetem
  18. Lebensjahr.
  (EU-Ausländer können sich an Kommunalwahlen beteiligen.)
- Gewählt wird in allgemeiner, unmittelbarer, freier, gleicher
  und geheimer Wahl.

Quellen: Grundgesetz, Wahlgesetz

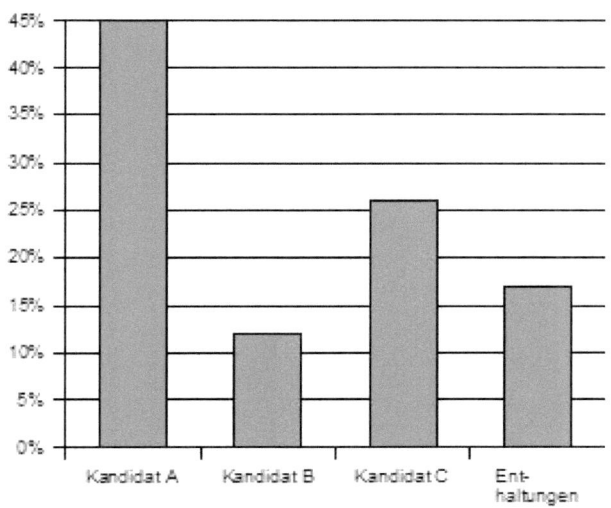

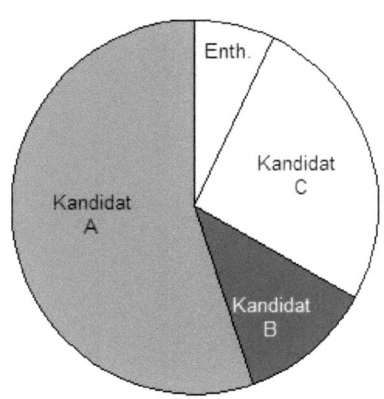

	Partei A		Partei B	
Stimmanzahl	65		35	
Divisor 1	65	1.Sitz	35	2.Sitz
Divisor 2	32,5	3.Sitz	17,5	5.Sitz
Divisor 3	23,33	4.Sitz	11,67	-
Divisor 4	16,25	-	8,75	-
Erhaltene Sitze	3		2	